Hans-Jürgen Krause

Überall ist Schummerland

Zeichnungen von Herrn Dieter Nacke

Herstellung: Libri Books On Demand

Zeig dein freundliches Gesicht

An manchen Tagen, da geht einfach alles schief,
nichts will richtig funktionieren.
Als ob der Kopf eine Wand anlief,
egal was du machst, es wird dich zum Wahnsinn führen.

Die Galle läuft über mit Grimm,
der bittere Geschmack macht dich blind.
Doch dann wird es erst richtig schlimm,
du fühlst dich wie ein kleines Kind.

Hilflos von Wut getrieben,
bist du traurig über das was dich zerbricht.
In Wirklichkeit bist du doch der Alte geblieben,
Mensch zeig dein freundliches Gesicht !

Der Morgen war Schuld wird oft betont,
das falsche Bein aus dem Bett,
vielleicht war auch voll der Mond
jedenfalls war der Tag nicht nett.

Und hast du einen solchen Tag erkannt,
tief Luft holen bedächtig.
Nicht weiter in Ärgernisse verrannt,
ganz still sein, daß beruhigt mächtig.

Lach leise über dich, du Heuteunglücksrabe,
denn Morgen ist schon bald in Sicht,
dann spürst du wieder deine Alleskönnergabe.
Na los, mach schon dein freundlichstes Gesicht.

Ein Specht

Jüngst sah ich einen Specht
an einer dicken Buche,
er klopfte nicht schlecht
auf das er da was suche

Er klopfte wie ein Berserker
fast ohne Pause,
wie ein Sträfling in seinem Kerker
er war hier wohl zu Hause.

Doch niemand öffnete die Pforte
das merkte bald auch der Specht.
Er klopfte an diesem Orte
man merkte es, war ihm gar nicht mehr recht.

Er steuerte den Baum von hinten an
doch war da kein Fenster offen,
nun war wieder die Vorderseite dran,
ich glaub, er wird heute noch hoffen.

Made in

Du fällst vom Baum
aus Schwäche, wegen Sturm und Wind
oder weil Maden in dir sind.
Vorbei der hochgestellte Traum.

Nicht blankgeputzt in einer Schale
wie du geträumt, dem Himmel näher
schnell weggeräumt bevor er kam, der Rasenmäher
da liegst du nun am Pfahle

Doch nach des Messers Prozedur
ein wenig kochen, ein wenig wallen
bist du noch immer ganz Natur
und Leckermäuler über dich, den Apfelmus herfallen.

Wie ein Traum

Ich ging so vor mich hin
den Blick gen Himmel gerichtet
mir stand nur Edles im Sinn
darüber hätte gern ich berichtet.
Da stand auf einmal
ein Mädchen vor mir, wie aus dem Märchen
ich sagte zu ihr
wie wär's mit uns als Pärchen.

Sie stimmte freudig zu,
sie wollte nicht's anderes machen
und im Nu
waren wir beide beim Lachen.
Ich stieg auf, war ganz groß.
Ich begann mich mächtig zu achten
schon saß sie auf meinem Schoß,
meine Erregung war nicht zu verachten.

Sie wußte, wie ich ganz genau
auch ohne zu dichten
wir wollten uns begehren als Mann und Frau,
Gefühle umschichten.
Schnell eine Lösung gesucht und gefunden
sie lud sich bei mir ein.
Mir war es recht, es dauerte Stunden
mit ihr allein zu sein.

Dann klingelt der Wecker zur frühen Stunde
verschlafen und noch nicht wach,
ich schau in die Runde
und langsam wird's bei mir Tag.
Verdammt, nur eine Illusion, wie dem auch sei
ich hatte mich schon an sie gewöhnt
und wurde vom Traum nur verhöhnt.
Leider bin ich immer noch frei.

Im Vorgarten

Im Vorgarten sah ich öfter schon
das kleine niedliche Tier.
Leider hörte ich von ihm nie ein Phon
und dachte sofort bei mir,
ist es vielleicht aus Ton ?

Doch es sah so täuschend echt aus
leise schlich ich mich, das es nicht entweicht,
etwas näher an das Haus
und hatte es gerade erreicht.

Ich wollte das Entlein gefiedert,
nur einmal berühren zum Test.
Darauf hat der Wachhund erwidert
und jetzt denken sie sich den Rest

Liebe?

Eine Feldmaus liebte eine Katze
was selten wohl geschieht, doch war
das war ein wild Gehatze
das muß Liebe sein wurde klar

Die Maus das kleine Ding
nur um mit dem Kätzchen zu poussieren
lief um dies in einem Ring
so konnte die Zweisamkeit passieren

Die Katze erblickte die schüchterne Graue
und hielt das Pfötchen vor zum Gruß.
Wenn ich die Sache so beschaue,
für wen war's wohl der größere Genuß?

Nun spielten sie beide auf der Wiese am Moor
ich glaubte es war nur Spaß
da flüsterte die Katze der Maus was ins Ohr
bevor sie sie fraß

Flüsterte sie „ Ich hab dich zum Fressen gern"?
darauf hätte die Maus gerne verzichtet
denn so eine Liebesbezeugung lag ihr fern
nun ist das Vertrauen zur Katze grundsätzlich vernichtet

Im zarten Backfischalter

Im zarten Backfischalter
die Knospen sieht man kaum,
fordert Fräulein x den Büstenhalter
der Stoffverbrauch zählt kaum.

Die erste mögliche Nummer
ausgestopft mit Material aus Schaum,
vertreibt den ersten Kummer
und ist ein kleiner Traum.

Kräftig legt sie zu im nu
schön und märchenhaft,
die Bluse geht fast nicht mehr zu.
Was die Natur so schafft !

Nun wird der Halter gemieden
alles schön wippt im Takt.
Wie schön wenn Männerblicke sieden
und sie die Lust dann packt.

Alles weitere ist das Leben,
millionenfach probiert,
ein zueinander Streben
und der Erfolg ist garantiert.

Ein neues Leben geboren,
die Brust als Quelle benannt.
Vom Winzling zum Überleben erkoren,
das schönste im Leben erkannt.

Auch ich denke jetzt noch
an Kindheit und Busen,
wie schön ist`s doch
so herrlich zu schmusen.

Frühling

In Mitten der Natur
sehe ich Bäume nur
durch die Zwischenräume
fließt ein Bach
ganz schwach
das Wasser leise rieselt
der Mensch jetzt häufiger nieselt.
Zur Frühlingszeit
wär jeder gern bereit.
Und würde er seine Liebste begehren
tät sie ihn auch noch nach Weihnachten bescheren.
Ja, wenn sie nicht wär
vermaledeit
die Frühjahrsmüdigkeit.

Der Floh

Stell Dir vor
Du wärst ein kleiner Floh - und so
die Liebste tät'st Du gern einmal besuchen
ein kühner Sprung bringt Dich direkt zu ihr - und so
von unten kommst Du an den
und arbeitest Dich weiter nach oben - und so
ein tolles Gebirge erwartet Dich
fast so geschwungen wie der - und so
doch hier ist der Blick offener
hier fühlst Du Dich als Freier - und so
nun schlummerst Du ein mit den schönsten Gedanken
und Verse sich um die Hügel ranken - und so
"Ich mag Frauen mit großem Busen
man kann so schön daran schmusen
und morgens wird man nicht gestört,
weil man den Wecker gar nicht hört."
Betört, als Floh – und so
nach diesem Ausflug doch recht heiter
mach ich morgen an gleicher Stelle weiter - und so

(der Vers :"Ich mag Frauen ...": Verfasser nicht bekannt)

Spatz ade

Ein Vogel von der Sorte Spatze,
grau gefiedert und wie bekannt ganz klein,
attackierte neulich eine Katze.
Sein Benehmen war nicht sonderlich fein.

Sicher hat der kleine Graue
auch einmal von Kraft geträumt.
Nur war der Akt nicht ganz das Schlaue.
Hinterher wurde er vom Feld geräumt.

Armer Vogel, könntest jetzt noch fröhlich Körner sammeln
so wie deine Anverwandten.
Doch hör ich seine Freundin stammeln,
er war ein Held, für alle die Ihn kannten.

Körpergewichtsvermehrung

Wer glaubt, daß die die viel essen
nur auf die Ernährung sind versessen
der glaubt auch,
Ihr kennt den Spruch den alten,
das Zitronenfalter Zitronen falten.
Der Mahlzeiten drei
legen Sie schnell ein paar weitere bei.
Den ganzen Tag wird ganz besessen
immerzu gegessen.
Von morgens bis spät in der Nacht
wird alles was eßbar
in den Körper verbracht.
Ein Blick in den Spiegel
treibt zu dem Schluß,
daß man jetzt aufhören muß.
Und nach des Essens täglicher Tortur,
immer wieder eine Hungerkur.
Abnehmen sagt uns dann die nette Fette
ist nicht schwer, ganz ungeniert
hab ich selber schon 100 mal probiert.

Rote Augen

Es war in unserem Garten
keine Menschenseele war sonst da
ich hatte ein Gefühl, als tät wer warten
obwohl ich niemand sah

Ich schlenderte so durch die Reihen
doch nur zur Erntezeit
oh Garten du mußt mir verzeihen
ich bin zur Buße auch bereit

Kaum war der Gedanke verachtet
spürte ich Unbehagen
ich fühlte mich betrachtet
von wem konnte ich nicht sagen

Da, wieder sah ich den feurigen Blick
die Augen waren ganz rot
die Haare standen mir im Genick
ich glaubte gleich sei ich tot

Doch ganz mutig beim Hinschauen,
beim genaueren
da sah ich im Baum, die roten Kirschen
die saueren

(E) Marzipanierung der Frau
   -Gutbürgerliches Rezept-

Man nehme eine gute gestandene Frau
vermische diese mit klein gestoßenen Mandeln
lasse sie wochenlang im eigenen Saft schmoren
kurz vor dem Überschäumen
werden mit einer Prämie die Wogen geglättet.
Nach einer längeren Ruhezeit
und unzähligen Rücksprachen mit der Frauenbeauftragten
wird Ihr der Posten eines
Stellvertreters des Stellvertreters des stellvertretenden
Mitarbeiters angeboten.
Und angenommen!
(E) Marzipanierung abgeschlossen - Quotenregelung
eingehalten.
(abwarten bis sich alles abgekühlt hat und dann zur
Tagesordnung zurück kehren)
MAHLZEIT!

Fabel   (?)

Es stand auf dem Hof ein Huhn
und hatte soeben zu tun.
Es probierte bei seinem Tun,
es war eben ein Huhn
auch mal und dann immer öfter
die netten,
ungesunden Zigaretten.
Doch nicht nur das Huhn
auch der Esel
und sogar der dumme Hund
glaubt, Rauchen ist gesund.
Beim Treppensteigen
sich die Lungenflügel neigen
aschfahl das Gesicht,
schädlich ist Rauchen nicht !
Jeder Jointquäler macht diesen Fehler
und im Zweifelsfalle sich dazu bekennt,
daß er einen 90 jährigen Raucher kennt.
Glaubt er
und wird dann gleich dazu fügen.
Auch Fliegen ist tödlich
doch Rauchen das billigere Vergnügen.
Ist alles nicht so richtig schlau und weise
aber vergleicht doch mal die Preise !

Butterblumen

Ich hab eine große Wiese am Haus,
mein ganzer Stolz !
Aus Bequemlichkeit säte ich nur Rasen aus
und pflanzte auch ein wenig Holz

Steht dann die Sonne noch nicht im Zenit
werden die Tage aber länger und heller
das bekomme ich sofort mit
es wächst nämlich alles viel schneller

Doch dann ist es schon geschehen
das Schicksal nimmt seinen Lauf
vor Gelb kann ich nichts seh'n
weil überall die Butterblumen steh'n

Oh, Löwenzahn wie schön du auch bist
versaust doch meinen Rasen
es sei dir gegönnt, eine Gnadenfrist
hat meine Seele auch Blasen

Sonnabendmorgen
pack ich den Rasenmäher aus.
Vorbei sind die Sorgen
jetzt mach ich den gelben Dingern den Garaus.

Meine liebe Schwalbe

Oh Schwalbe, liebe Schwalbe du
ich wart auf dein Erscheinen,
ich schau zum Himmel immerzu
und wenn du kommst, dann muß ich weinen

Vor Freude natürlich, das ist klar
schwarz- weiß gefiedert dein Gewand
grazil und schön, das ist wahr.
Doch bringst du mich um den Verstand

Und, dann wenn du geschafft dein Tagewerk
mit Hilfe deiner Sippe
fühle ich mich vor Erbauung, klein, wie ein Zwerg
und es schmerzt auf der linken Seite unter der Rippe.

Und weil ich so glücklich und tierlieb bin,
das müßt Ihr mir wirklich glauben,
häng ich jetzt um das hell geputzte Haus, silberne Girlanden hin
und befestige sie mit Nägeln und Schrauben.

Ein Bretterzaun

Ein Bretterzaun hat eine Pflicht
die er erfüllen muß
wenn seine Grazie auch nicht besticht
er macht es mit Genuß

Quer strebt er auf gesamter Länge
und senkrecht Brett für Brett
dem Eindringling wird es ziemlich bänge
zerrissene Hosen sind wirklich nicht nett

Das Ziel erreicht
der Zweck alle Mittel erlaubt
auch wenn der Zaun verbleicht
hier wird weder Pflaume noch Apfel geraubt

Als Kind hatte ich öfter zerrissene Hosen
Nachbars Früchte lockten mit Macht
danach gab es immer ein Tosen
Wehe, ihr Kinder, wenn ihr so etwas macht.

Rezept (für den möglichen Freund der eigenen Frau)

Man nehme, von den Tomaten die faulen,
ein Menschenfreund für wahr tut so etwas nicht,
um damit seinen Widersacher zu vergraulen.
Doch ist man bös, ist so was Pflicht.

Rizinus, besagte Tomaten,
verschimmelter Pflaumenmus,
Gemüse verschiedener Arten,
vergammelt, erhöhen den Genuß.

Das ganze auf kleiner Flamme
geköchelt 6 Stunden oder auch verlängert.
Dazu ein paar Haare vom Kamme,
die Luft ist übel geschwängert.

Natürlich war's nur ein böser Plan,
bin mächtig über mich betroffen.
Dichtete meiner Frau einen Geliebten an,
Mein Gott war ich besoffen.

Wer macht denn so was

Das Auto im Wald war schon sehr alt,
vorn und hinten ohne Klappe,
man sah es bald
es war nur aus Pappe.

Doch der, der es hergebracht
ein Mensch, keiner von den Schönen.
Autoverwertung, daß wäre doch gelacht
ich will mit der Natur mich versöhnen.

So soll er sich schließen
seiner Meinung nach, er hatte aber keinen Schimmer
der Kreislauf der Natur
doch klappt so ein Quatsch nicht immer
und daran soll er verdrießen.

Dieser Naturfreund, stur
der kann jetzt stöhnen,
unter seiner Begeisterung für die Natur
jetzt muß er nämlich an die Obrigkeit löhnen.

Jahreszeiten (eines Pessimisten)

Die Jahreszeiten in unseren Gefilden
könnte man bezeichnen, stur
als Witterungsunbilden pur.

Im Frühling erwacht die Natur,
die Haselnußsträucher schon früh sich recken.
Jetzt beginnt für viele eine Tortour,
Pollen sich in Nasen verstecken.

Es regnet, die Erde wird begossen.
Auf matschiger Erde,
ist alles gut gesprossen.
Man treibt jetzt raus die Herde.

Es regnet auf Mensch und Tannen
wie aus Eimern,
wie aus Kannen,
auch auf die Weibsen von den Mannen.

Da Zeit immer schnell vergeht
nicht's soll rasten.
Der Sommer steht vor der Tür,
er hat noch viel auf dem Kasten.

Wegen Wasser von oben,
halt ich`s im Sommer nicht mehr aus.
Da läßt sich das Wetter schlecht loben,
ich geh bald nicht mehr aus dem Haus.

Der Herbst mal vom Wetter gesehen,
eine einzige Plage,
sonst eine schöne Jahreszeit.
Nichts bringt mich mehr in Rage.

Der Herbst vorbei,
alle Blätter runter.
Der Wind dabei
bläst recht munter.

Es regnet, es ist nicht zu fassen
fast ohne Unterbrechung und viel.
Da kann man am Wetter nicht's Gutes lassen
und dann wird es auch noch erheblich kühl.

Den Winter können viele gut leiden.
Für mich steht fest,
den könnte ich meiden.
Der gibt mir den Rest.

Wär, ja wär da nicht dieses Fest,
Tannenbaum mit Entenbraten
und dann noch der Rest.
Jahreswechsel, Böllerknallen
wieder auf ein schönes neues, reingefallen.

Überall ist Schummerland

Überall ist Schummerland
schummerig wird es jeden Tag
tagsüber außer Rand und Band
dann kommt die Stunde die ich mag

Geprägt vom Leben
verhätschelt und verhöhnt
auf nehmen folgt nicht logisch geben
doch zur Schummerstunde bin ich mit allen versöhnt

Überall ist Schummerland
eigentlich für jeden
hast es nur noch nicht erkannt
oder willst nicht darüber reden

Schummerung ist die Schattierung
Schatten wirfst auch du
brauchst die Schummerstunde zur Sanierung
keiner schaut dir zu

Überall ist Licht und Schatten
Überall gibt's Augenzwinkern, Augenfunkeln
Gefühle sich wie Farben mischen, die Blassen und die Satten
langsam oder schnell,
das Wasser läuft mit murmeln, munkeln
so entsteht ein Aquarell

Überall ist Schummerland
auch wenn das Licht angeht
hast als Lebenskünstler dich erkannt
auch wenn es sich um dich nicht dreht

Die Probleme groß oder nichtig
alles klärst du mit Humor
das ist für Dein Leben wichtig
also sei kein Torr

Überall ist Schummerland
dem Leben mal auf's Maul geschaut
aufgeschrieben auf den Zeitungsrand
und Euch zum lesen anvertraut

Meinungsverschiedenheiten

Die Sau ist sehr verstimmt,
gehört sie doch zur Spezies Schwein.
Ist der Mensch auf Streit getrimmt
rückt er schnell ins Tierreich ein.

Oft hat sie empört
dummes, faules, blödes Schwein
von Menschen schon gehört.
Sie meint das darf nicht sein.

Ihr Lebenszweck
(für uns) der ideale
ist's vom Fleck weg,
zu gelangen in die Regale.

Schinken, Kotelett, Schweinebraten,
Würste mit Darm aus Natur,
könnt ihr mir besseres raten ?
Das ist Hochgenuß pur.

Drum seid ihr verärgert
Menschenkinder,
klärt eure Probleme,
ohne Schweine und Rinder
ohne Esel, Kamele
und Ochsen
ohne auf die Nase zu boxen.
Versucht es
sachlich zu argumentieren
aber ohne die Namen von uns Tieren.

Verdrehte Welt

Meistens geht's ums Geld
in dieser verdrehten Welt
Recht ist nicht mehr Recht
oft ist das Ergebnis schlecht
Versicherungen sind wichtig
und für die jeweilige Organisation richtig
doch geht's mal ans zahlen
bereitet es Qualen

Die Versicherungsnehmer sich in Hoffnungen wiegen
doch merkten sie schnell
sie taten schief liegen
fast generell
Redlichkeit wird in Frage gestellt,
auf Gedeih und Verderben
das Urteil ist bereits gefällt,
von der Versicherung kannst Du nichts erben

Vorausgesetzt Dich trifft keine Schuld
dein Rechtsempfinden stark leidet
da hilft auch keine Geduld
die Versicherung am Unglück sich weidet
Wird der Schaden doch mal reguliert
es geht z.B. um deinen Wagen
warte es kommt garantiert !
diesen Versicherer brauchst du nicht mehr ertragen

Natürlich tut's allen ganz mächtig leid
sie können es mit Worten nicht fassen
man war zu Bestem bereit
du darfst sie dafür nicht hassen
Jeden morgen wacht ein Dummer auf
unterweg's ist schon sein Vertreter
Überredet nimmst du wieder eine Versicherung in Kauf
bereuen kannst Du später

Zwei Motten

Es gab da mal zwei Motten
in einem Kleiderschrank
den wollten sie ausrotten
doch Astrid holte Hilfe, Gott sei Dank!

Sie kaufte Mottenkugeln, kleine
einhundert an der Zahl
und dann beim Kerzenscheine
begann die große Qual

Sie warf die Mottenkugeln
viele gingen daneben
doch mit der zweiundachzigsten und dreiundneunzigsten
brachte sie die Motten ums Leben

Kur

Im Lindauischen bei Zerbst zur Kur,
war eine Jägerin von zarter Statur.
Sie wollte sich lassen
bei der Kur
so richtig schön kneipen,
aber leider keine Männer da,
nur Weipen.
Auch sonst war alles verboten
es passierten zu viele Schoten.
Da sollte sie sich regenerieren.
Das ging dem dicksten Pudel an die Nieren.
Eine Jägerin und keine Jagd
ist wie eine Suppe ohne Salz,
oder ein Brot ohne Schmalz.
Das war im Vertrauen
schlecht zu verdauen
da kann man nur auf die nächste Kur bauen.

Sommerliches auf dem Lande

Sommer, Sonne, Mücken
gemähtes Gras und freie Zeit
man braucht sich nicht zu bücken,
zum Faulenzen bereit

Der Tisch gedeckt unterm Apfelbaum,
die Grillkohle raucht,
es ist wie im Traum
nichts mehr man braucht

Doch dann, großes Entsetzen
die Situation läßt sich nicht beschreiben.
Es könnte mich zerfetzen
zum Wahnsinn treiben

Gerade noch war die Luft von Vogelstimmen erfüllt,
aus der Traum vom Grillfleisch essen,
der Bauer ist dabei und güllt.
Nun wird im Haus gesessen

Wie gut geht's den Leuten im Städtchen,
von diesen Erlebnissen frei,
da dreht sich quietschend nur mal ein Rädchen
und macht ein wenig Lärm dabei.

Himmelfahrt

Muttertag, den haben wir hinter uns gebracht.
Jetzt ist der Herr der Schöpfung dran
genau so wie im letzten Jahr gemacht,
ein jeder zeigt da was er kann.

In uns gehen mit Hände falten
und frommen Sprüchen auf den Lippen
denken wir an Christus den Alten,
ohne an Flaschen und Gläser zu nippen.

Und wenn wir in Stille seiner Gedenken,
nickt er mit Sonnenschein von oben uns zu.
Darauf laßt uns die Gläser einschenken,
denn es ist Himmelfahrt juhu.

Glück

Lange mußt du suchen,
willst du das Glück
für dich verbuchen.
Erst haben
dann daran laben.

Glück gibt's in vielerlei Gestalt
für Jung und auch für Alt.
Doch ein erreichtes Glück
wirft bei Verlust dich weit zurück.

Glück ist auch,
du hörst den Zahnarzt sagen
wir sehen uns wieder in 150 Tagen

Anemone

Der Bach im Wald, der war ganz schmal
mit feuchten Ufern und mächtig gewunden
leise plätscherte dieses Rinnsal
hatte ein schöneres vorher nicht gefunden

Es floß verträumt, wie ich daher
nur die Liebste an meiner Seite
ganz leise hörte ich es flüstern, sehr
ein Gedanke von mir vertrieb die Stille, was ich bereute

Die Anemone auf des Rinnsals anderer Seite
errötend sah ich die Liebste an.
Das ist's womit ich jetzt Freude bereite
und setzte zum Sprung schon an.

Das Ufer feucht mit etwas Morast
elegant wurde der Sprung begonnen
doch plötzlich gab es innere Hast
alles Schöne war plötzlich zerronnen

Ich lag in der Pfütze, die auf einmal übel roch.
Sie konnte sich vor Lachen nicht halten
und als ich dann aufstand und dann wieder kroch
schien sich unser Verhältnis zu spalten.

Noch heute, nach Jahren
finde ich ihr Lachen allerhand,
wenn diese Geschichte unsere Enkel erfahren
dann hält sie dabei meine Hand.

Liebeserklärung an A.

Ich liebe dich, daß ist gar keine Frage
und das nicht nur, weil ich es sage.
Spür dein ungeduldiges Bangen.
Seh wie verschmitzt sich röten deine Wangen.
Komm, sagen deine Augen, ich seh sie flehen.
Laß uns bitte, nur mal sehen.
Schon steh'n wir vor dem Haus,
die letzten Schritte waren laufen.
Jetzt ist`s mir klar, wir wollen was für dich kaufen.

Ein Baum vor dem Haus

Lang ist es her, da träumte ich als Kind
ganz still in meiner Kammer,
wie Träume von Kindern so sind
voller Sonnenschein und ohne Jammer.

Ich träumte von einer fernen Zeit,
die Hürden des Lebens bereits genommen.
Dafür zu schaffen bereit,
und so ist es auch gekommen.

Das Ziel vor den Augen, von den Zweiflern verlacht
lenkte meine Schritte.
Optimismus hat es gebracht
am Rand meiner Lebensmitte.

Ein Baum vor dem Haus
knorrig, bizarr und Vorgartengestalter,
sieht im Frühling mit seinen Blüten so wunderschön aus.
Das ist es was ich erträumt für`s Alter.

Wie alt bitte?

Geburtstagsfeiern die sind wichtig
doch das Nennen des Alters
besonders bei einigen Frauen
Nichtig !

Bis 18 nennt sie ohne Qual
Happy Birthday schallt es in den Reihen
ihre Geburtstagszahl
kann man sich doch von der Abhängigkeit befreien

Doch dann erwacht die Feministin
wirft sich in die Brust
spürt die Kraft ganz tief in sich drin
ist sich auch der äußeren Schönheit bewußt

Nun trifft ein jedes weiteres Jahr
sie wie ein Schlag
das ist so wahr
nur weil sie nie 40 ig werden mag

Ein jeder muß nun öfter schwören
es wäre für ihn klar
er sagt's auch nicht um sie zu betören
sie ist immer wenn überhaupt schon , erst 20 Jahr !

So war es, so soll es bleiben
und hat man den 20 - igsten mehrfach gefeiert
da können wir die Nase dran reiben
wird sowie so nicht mehr rumgeeiert

Feierabend

Zerschlagen, aber endlich glücklich zu Haus
nach dieser Woche kriegt mich keiner mehr raus.
Heut machen wir es uns gemütlich
Zwinkert er nur
und küßt seine Frau schon auf dem Flur
Abendessen, Nachrichten sehn
jetzt beginnt sie zu ahnen,
soll es sich wie jeden Freitag anbahnen.
Es kommt noch viel schlimmer
es wird so wie immer.
Sie schlummert im Bett geduscht, parfümiert
hat vor dem Spiegel ein Lächeln probiert.
Der Fernseher unentwegt seine Runden dreht,
gegen drei auch der letzte Zuschauer geht.
Im Bett angekommen
vom süßen Duft ganz benommen,
schläft er glücklich ein.
Die Frau neben mir, daß ist meine
meine ganz alleine.
Im Traum nun trägt er sie auf Händen
würde der Wecker nicht klingeln, würde das nie enden.